Impressum
Verlag: BABADADA GmbH, Nedderfeld 112 , 22529 Hamburg
Geschäftsführer / Verlagsleitung: Harald Hof
Druck: Books on Demand GmbH, In de Tarpen 42, 22848 Norderstedt

Imprint
Publisher: BABADADA GmbH, Nedderfeld 112 , 22520 Hamburg, Germany
Managing Director / Publishing direction: Harald Hof
Print: Books on Demand GmbH, In de Tarpen 42, 22848 Norderstedt, Germany

escuela

escola

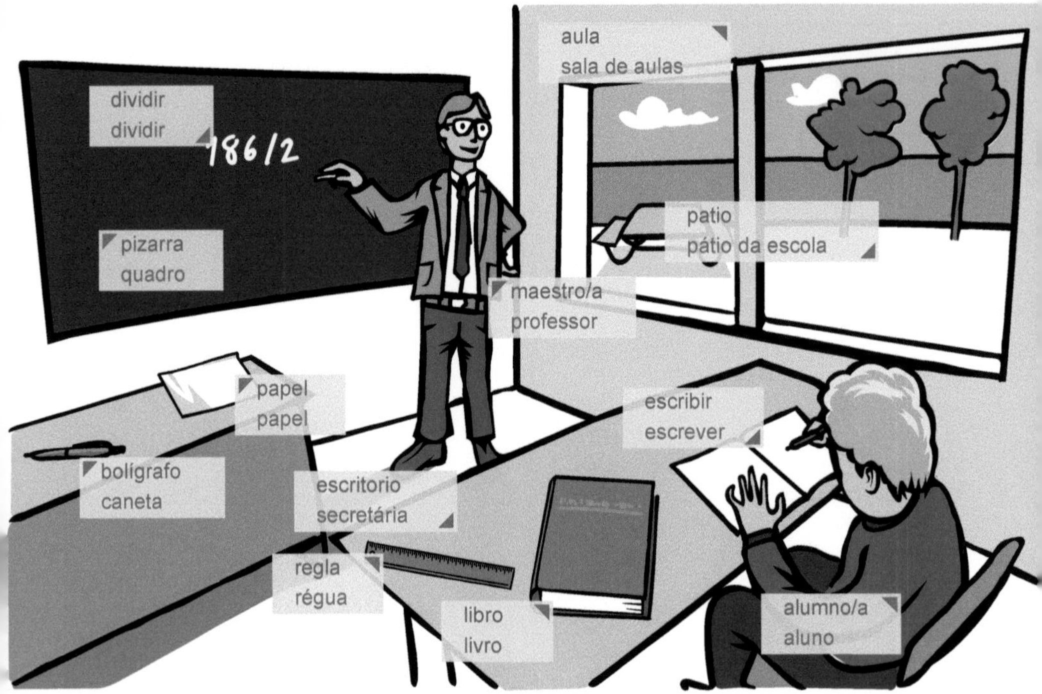
aula
sala de aulas
dividir
dividir
186/2
pizarra
quadro
patio
pátio da escola
maestro/a
professor
papel
papel
escribir
escrever
bolígrafo
caneta
escritorio
secretária
regla
régua
libro
livro
alumno/a
aluno

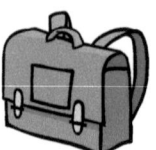

cartera

mochila

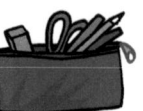

caja de lápices

estojo de lápis

lápiz

lápis

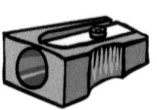

sacapuntas

afia-lápis

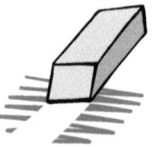

goma de borrar

borracha

cuaderno de dibujo

bloco de desenho

dibujo

desenho

pincel

pincel

caja de pinturas

caixa de tintas

tijeras

tesoura

pegamento

cola

cuaderno de ejercicios

livro de exercícios

deberes

trabalhos de casa

número

número

sumar

somar

restar

subtrair

multiplicar

multiplicar

calcular

calcular

letra

letra

alfabeto

alfabeto

palabra

palavra

texto
....
texto

leer
....
ler

tiza
....
giz

lección
....
hora

cuaderno de notas
....
registo de presenças

examen
....
exame

certificado
....
certificado

uniforme escolar
....
uniforme escolar

educación
....
educação

enciclopedia
....
enciclopédia

universidad
....
universidade

microscopio
....
microscópio

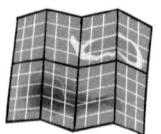

mapa
....
mapa

papelera
....
cesto de lixo

viaje
viagem

hotel
hotel
Grand
albergue
hostel
ROOMS
oficina de cambio de divisas
casa de câmbio
EXCHANGE
maleta
mala
coche
carro

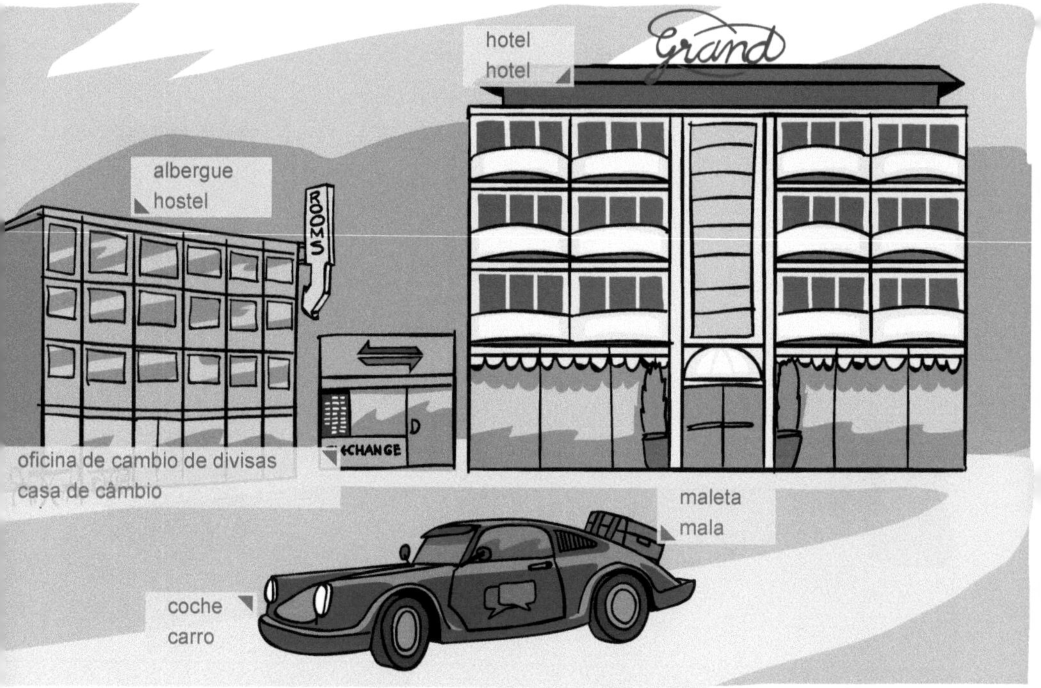

idioma
idioma

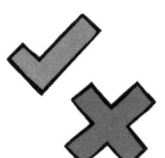

sí / no
sim / não

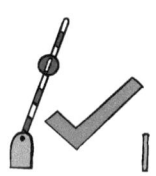

Vale
ok / certo / correto

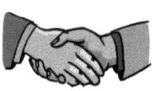

hola
olá

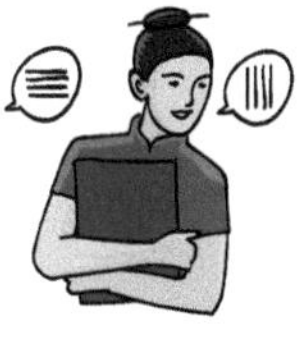

traductor
intérprete

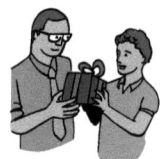

Gracias
obrigado

¿cuánto es...?

quanto é que custa... ?

No entiendo

não entendo

problema

problema

¡Buenas tardes!

boa noite!

¡Buenos días!

Bom dia!

¡Buenas noches!

Boa noite!

adiós

adeus

dirección

direção

equipaje

bagagem

bolsa

saco

mochila

mochila

invitado

convidado

habitación

quarto

saco de dormir

saco-cama

tienda de campaña

tenda

información turística

informação turística

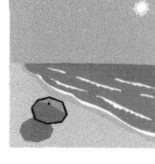

playa

praia

tarjeta de crédito

cartão de crédito

desayuno

pequeno-almoço

almuerzo

almoço

cena

jantar

billete

bilhete

ascensor

elevador

sello

selo postal

frontera

fronteira

aduana

alfândega

embajada

embaixada

visa

visto

pasaporte

passaporte

transporte

transporte

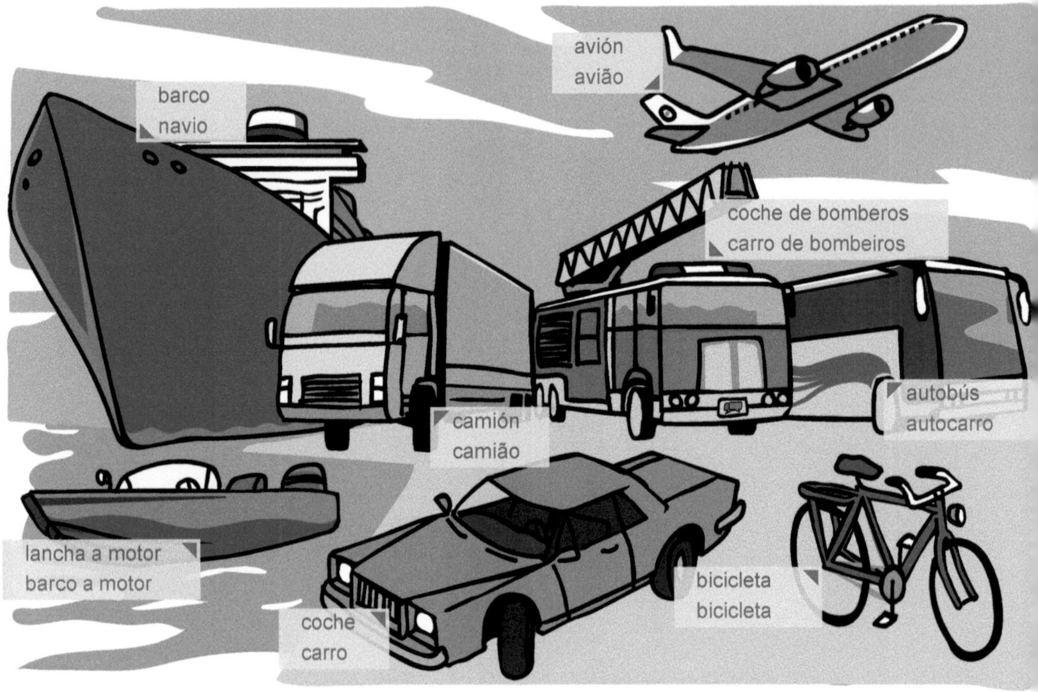
avión
avião
barco
navio
coche de bomberos
carro de bombeiros
autobús
autocarro
camión
camião
lancha a motor
barco a motor
bicicleta
bicicleta
coche
carro

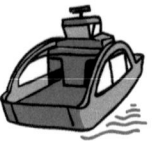

transbordador

cacilheiro

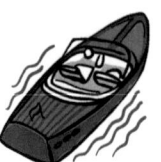

barca

barco

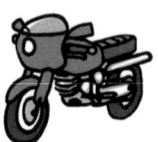

moto

mota

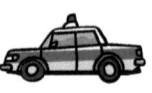

coche de policía

carro de polícia

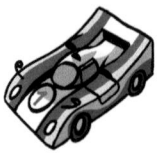

coche de carreras

carro de corrida

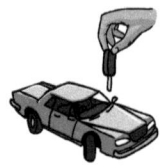

coche de alquiler

carro alugado

préstamo de vehículos

carsharing

grúa

camião de reboque

camión de la basura

camião do lixo

motor

motor

gasolina

combustível

gasolinera

estação de serviço

señal de tráfico

sinal de trânsito

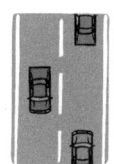

tráfico

trânsito

atasco

congestionamento de trânsito

aparcamiento

parque de estacionamento

estación de tren

estação ferroviária

vías

carris

tren

comboio

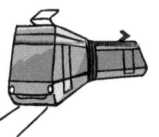

tranvía

elétrico

vagón

carruagem

helicóptero
helicóptero

aeropuerto
aeroporto

torre
torre

pasajero
passageiro

contenedor
contentor

caja de cartón
caixa de papelão

carretilla
carrinho

cesta
cesto

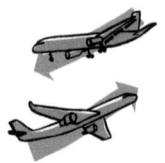

despegar / aterrizar
levantar voo / aterrar

ciudad
cidade

pueblo
aldeia

centro de ciudad
centro da cidade

casa
casa

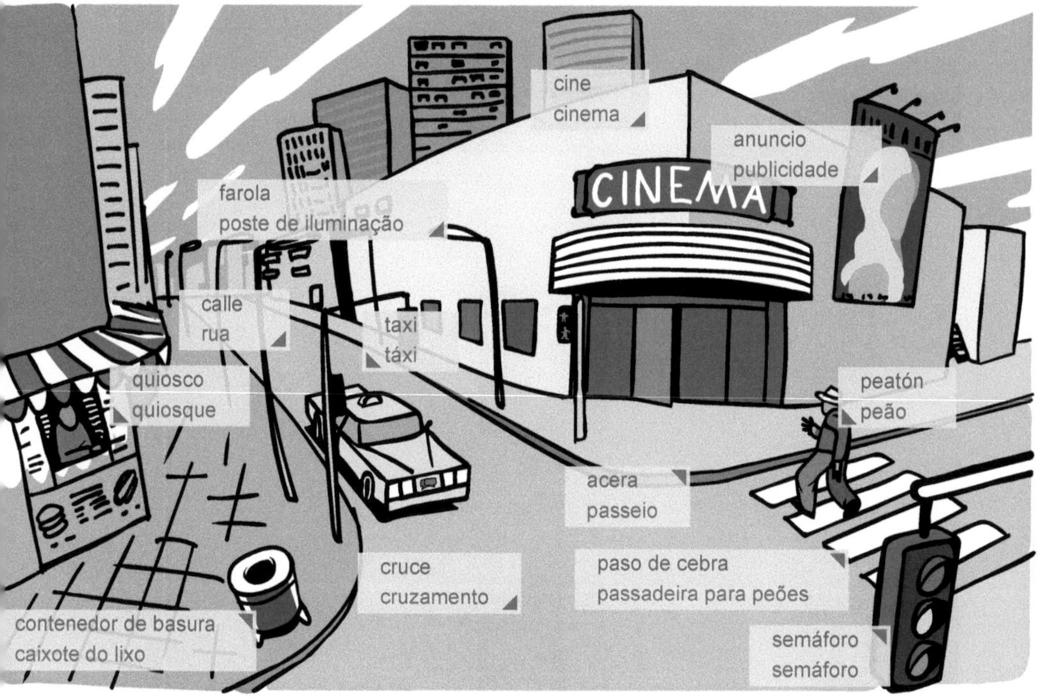
cine
cinema
anuncio
publicidade
CINEMA
farola
poste de iluminação
calle
rua
taxi
táxi
quiosco
quiosque
peatón
peão
acera
passeio
cruce
cruzamento
paso de cebra
passadeira para peões
contenedor de basura
caixote do lixo
semáforo
semáforo

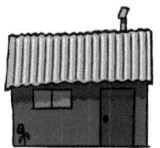

cabaña

cabana

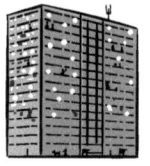

apartamento

apartamento

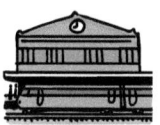

estación de tren

estação ferroviária

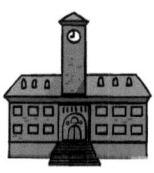

ayuntamiento

câmara municipal

MUSEUM

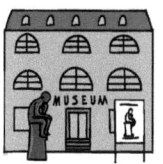

museo

museu

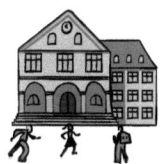

escuela

escola

universidad

universidade

banco

banco

hospital

hospital

hotel

hotel

farmacia

farmácia

oficina

escritório

librería

livraria

tienda

loja

floristería

florista

supermercado

supermercado

mercado

mercado

grandes almacenes

loja de departamentos

pescadería

peixaria

centro comercial

centro comercial

puerto

porto

parque
parque

banco
banco

puente
ponte

escaleras
escadas

metro
metro

túnel
túnel

parada de autobús
paragem de autocarro

bar
bar

restaurante
restaurante

buzón
caixa de correio

poste indicador
sinal de trânsito

parquímetro
parquímetro

zoo
jardim zoológico

piscina
piscina

mezquita
mesquita

granja
quinta

contaminación
poluição

cementerio
cemitério

iglesia
igreja

patio de juego
parque infantil

templo
templo

paisaje
paisagem

hoja
folha

señal
placa de sinalização

camino
caminho

prado
prado

piedra
pedra

excursionista
caminhantes

río
rio

árbol
árvore

hierba
relva

flor
flor

valle

vale

colina

montanha

lago

lago

bosque

floresta

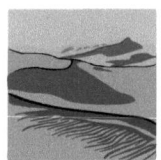

desierto

deserto

volcán

vulcão

castillo

castelo

arcoíris

arco-íris

champiñón

cogumelo

palmera

palma

mosquito

mosquito

mosca

mosca

hormiga

formiga

abeja

abelha

araña

aranha

escarabajo

besouro

rana

sapo

ardilla

esquilo

erizo

ouriço

liebre

lebre

lechuza

coruja

pájaro

pássaro

cisne

cisne

jabalí

javali

ciervo

veado

alce

alce

presa

barragem

turbina eólica

turbina eólica

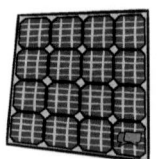

panel solar

painel solar

clima

clima

restaurante
restaurante

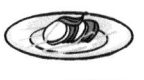

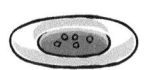

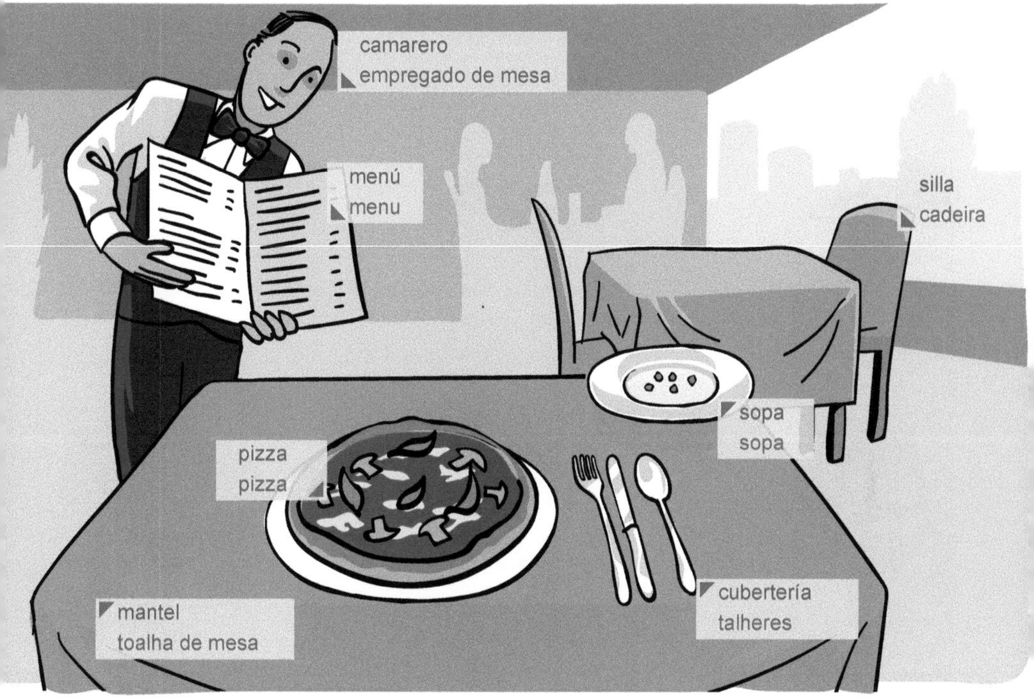

camarero
empregado de mesa
menú
menu
silla
cadeira
sopa
sopa
pizza
pizza
mantel
toalha de mesa
cubertería
talheres

primer plato
entrada

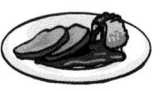

plato principal
prato principal

postre
sobremesa

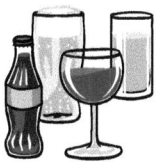

bebidas
bebidas

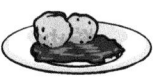

comida
comida

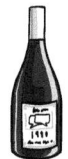

botella
garrafa

comida rápida

fast food

comida callejera

comida de rua

tetera

bule de chá

azucarero

açucareiro

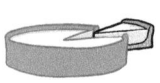

porción

porção

cafetera expreso

máquina de café expresso

trona

cadeira alta

cuenta

conta

bandeja

bandeja

cuchillo

faca

tenedor

garfo

cuchara

colher

cucharilla

colher de chá

servilleta

guardanapo

vaso

copo

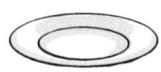

plato
......
prato

plato hondo
......
prato de sopa

platillo
......
pires

salsa
......
molho

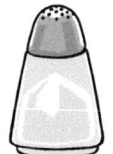

salero
......
saleiro

molinillo de pimienta
......
moinho de pimenta

vinagre
......
vinagre

aceite
......
óleo

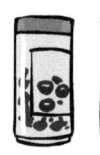

especias
......
especiarias

ketchup
......
ketchup

mostaza
......
mostarda

mayonesa
......
maionese

supermercado
supermercado

oferta especial
oferta especial
FOR
cliente
cliente
lácteos
laticínios
fruta
fruta
carro de la compra
carrinho de compras

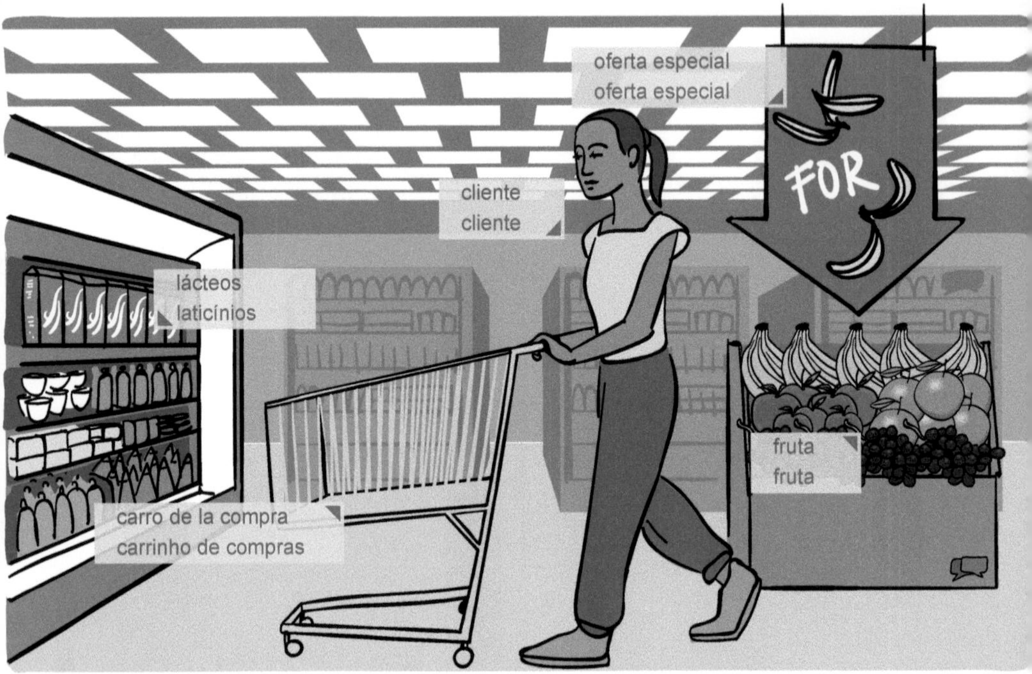

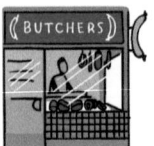

BUTCHERS

carnicería

talho

BAKERY

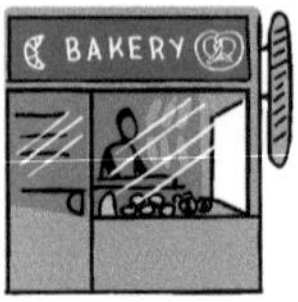

panadería

padaria

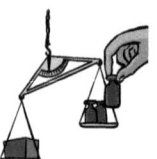

pesar

pesar

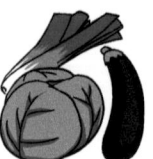

verduras

vegetais

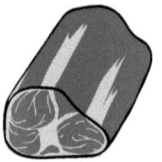

carne

carne

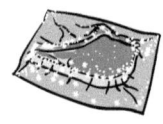

alimentos congelados

alimentos congelados

fiambres

charcutaria

conservas

comida enlatada

detergente en polvo

detergente em pó

dulces

doces

productos de uso doméstico

artigos domésticos

productos de limpieza

produtos de limpeza

vendedora

vendedora

caja

caixa

cajero

caixa

lista de la compra

lista de compras

horario de atención al público

horário de funcionamento

cartera

carteira

tarjeta de crédito

cartão de crédito

bolsa

saco

bolsa de plástico

saco de plástico

agua

água

zumo

sumo

leche

leite

cola

coca-cola

vino

vinho

cerveza

cerveja

alcohol

álcool

cacao

cacau

té

chá

café

café

expreso

café expresso

capuchino

capuccino

plátano
banana

manzana
maçã

naranja
laranja

melón
melão

limón
limão

zanahoria
cenoura

ajo
alho

bambú
bambu

cebolla
cebola

champiñón
cogumelo

avellanas
nozes

fideos
talharim

espagueti

esparguete

arroz

arroz

ensalada

salada

patatas fritas

batatas fritas

patatas fritas

batatas fritas

pizza

pizza

hamburguesa

hambúrguer

sándwich

sanduíche

filete

bife panado

jamón

fiambre

salami

salame

salchicha

salsicha

pollo

galinha

asado

assado

pescado

peixe

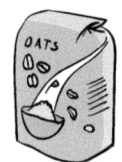

copos de avena

flocos de aveia

muesli

muesli

copos de maíz

flocos de milho

harina

farinha

cruasán

croissant

panecillo

carcaça (pãozinho)

pan

pão

tostada

torrada

galletas

biscoitos

mantequilla

manteiga

cuajada

requeijão

pastel

bolo

huevo

ovo

huevo frito

ovo estrelado

queso

queijo

helado

gelado

azúcar

açúcar

miel

mel

mermelada

compota

crema de turrón

creme de nougat

curry

caril

granja
quinta

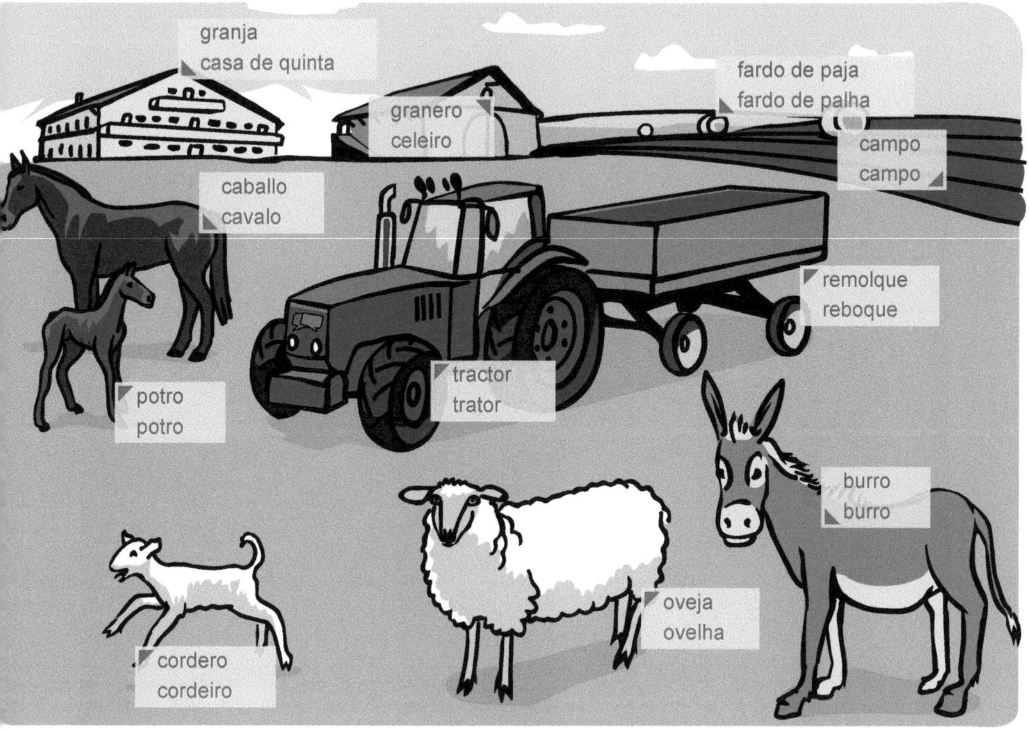

granja
casa de quinta
granero
celeiro
fardo de paja
fardo de palha
campo
campo
caballo
cavalo
remolque
reboque
potro
potro
tractor
trator
burro
burro
oveja
ovelha
cordero
cordeiro

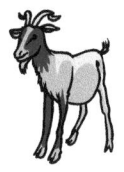

cabra
cabra

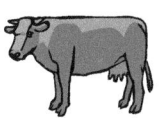

vaca
vaca

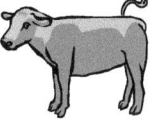

ternero
bezerro

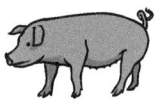

cerdo
porco

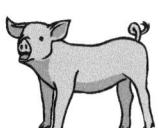

cerdito
leitão

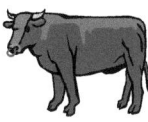

toro
touro

ganso

ganso

pato

pato

pollo

pintaínho

gallina

galinha

gallo

galo

rata

ratazana

gato

gato

ratón

rato

buey

boi

perro

cão

perrera

casota

manguera

mangueira de jardim

regadera

regador

guadaña

foice

arado

arado

hoz
foice

azada
enxada

horca
forquilha

hacha
machado

carretilla
carrinho de mão

abrevadero
manjedoura

lechera
jarro de leite

saco
saco

valla
cerca

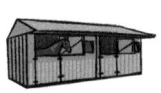

establo
estábulo

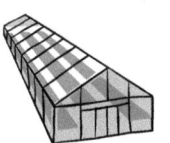

invernadero
estufa

suelo
solo

semilla
semente

fertilizador
fertilizante

cosechadora
ceifeira-debulhadora

cosechar
colher

cosecha
colheita

ñame
inhame

trigo
trigo

soja
soja

patata
batata

maíz
milho

semilla de colza
colza

árbol frutal
árvore de fruto

mandioca
mandioca

cereales
cereais

casa

casa

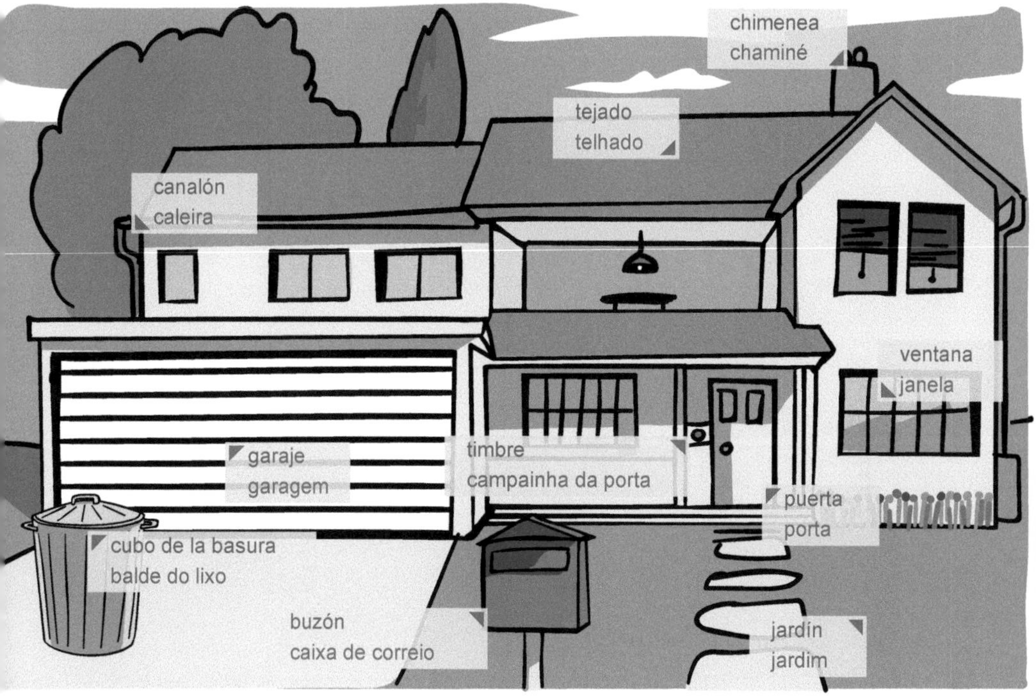
chimenea
chaminé
tejado
telhado
canalón
caleira
ventana
janela
garaje
garagem
timbre
campainha da porta
puerta
porta
cubo de la basura
balde do lixo
buzón
caixa de correio
jardín
jardim

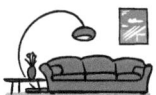

sala

sala de estar

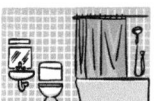

cuarto de baño

casa de banho

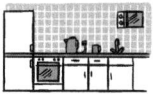

cocina

cozinha

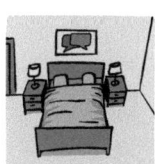

dormitorio

quarto de dormir

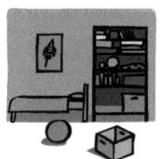

habitación de los niños

quarto de criança

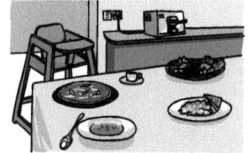

comedor

sala de jantar

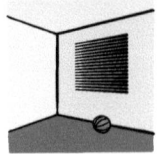

suelo

chão

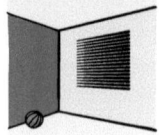

pared

parede

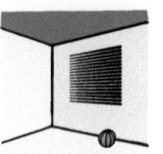

techo

teto

sótano

cave

sauna

sauna

balcón

varanda

terraza

terraço

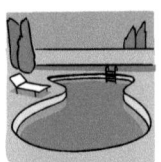

piscina

piscina

cortacésped

máquina de cortar relvado

sábana

lençol

colcha

cobertor

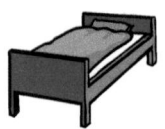

cama

cama

escoba

vassoura

balde

balde

interruptor

interruptor

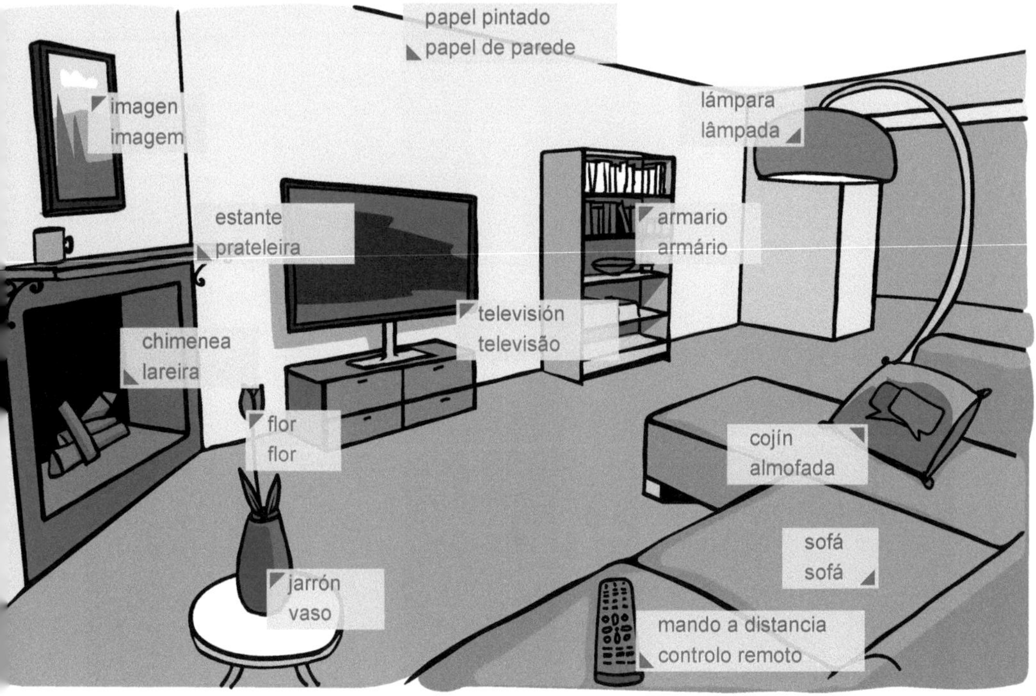

papel pintado
papel de parede

imagen
imagem

lámpara
lâmpada

estante
prateleira

armario
armário

chimenea
lareira

televisión
televisão

flor
flor

cojín
almofada

sofá
sofá

jarrón
vaso

mando a distancia
controlo remoto

alfombra
tapete

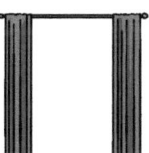

cortina
cortina

mesa
mesa

silla
cadeira

mecedora
cadeira de baloiço

butaca
poltrona

libro
livro

manta
cobertor

decoración
decoração

leña
lenha

película
filme

equipo de música
sistema estéreo

llave
chave

periódico
jornal

pintura
pintura

póster
póster

radio
rádio

cuaderno
bloco de notas

aspiradora
aspirador

cactus
cato

vela
vela

cocina
cozinha

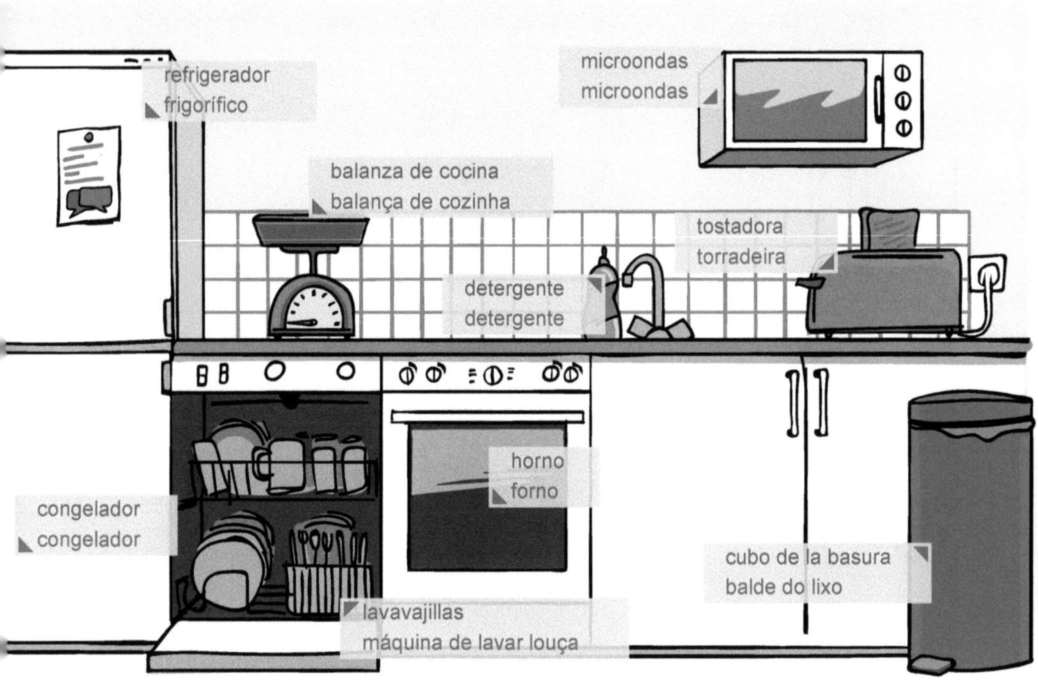
refrigerador
frigorífico
microondas
microondas
balanza de cocina
balança de cozinha
tostadora
torradeira
detergente
detergente
horno
forno
congelador
congelador
cubo de la basura
balde do lixo
lavavajillas
máquina de lavar louça

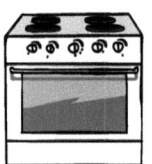

olla a presión

fogão

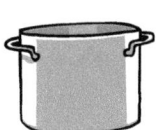

olla

panela

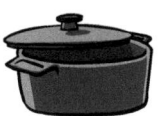

olla de hierro fundido

panela de ferro

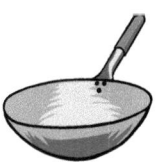

wok / karahl

wok / kadai

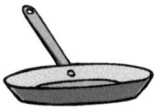

cazuela

frigideira

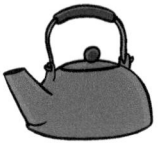

hervidor

chaleira

vaporera

panela a vapor

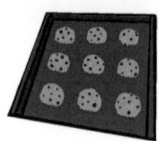

chapa de horno

tabuleiro de forno

vajilla

louça

taza

caneca

tazón

tigela

palillos

pauzinhos

cucharón

concha de sopa

espumadera

espátula

batidor

batedor de claras

colador

escorredor

cedazo

peneira

rallador

ralador

mortero

almofariz

barbacoa

churrasqueira

hoguera

lareira

tabla de picar

tábua de cortar

rodillo

rolo da massa

sacacorchos

saca-rolhas

lata

lata

abrelatas

abridor de latas

agarrador

luvas de forno

lavabo

lava-loiça

cepillo

escova

esponja

esponja

batidora

liquidificador

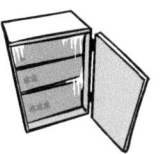

congelador

arca frigorífica

biberón

biberão

grifo

torneira

cuarto de baño

casa de banho

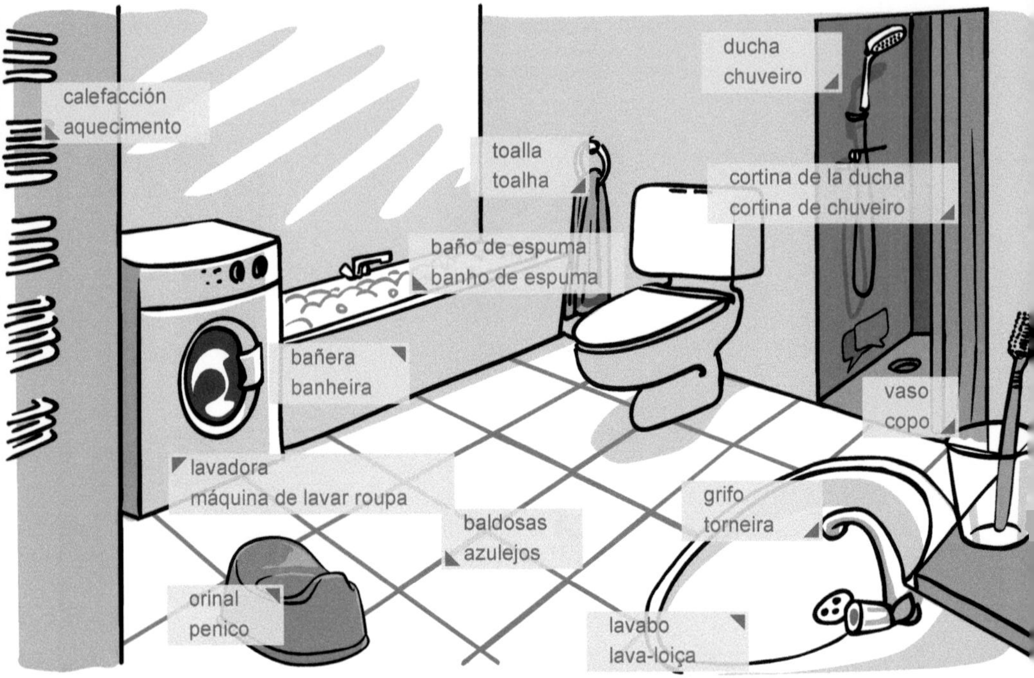
calefacción
aquecimento
ducha
chuveiro
toalla
toalha
cortina de la ducha
cortina de chuveiro
baño de espuma
banho de espuma
bañera
banheira
vaso
copo
lavadora
máquina de lavar roupa
grifo
torneira
baldosas
azulejos
orinal
penico
lavabo
lava-loiça

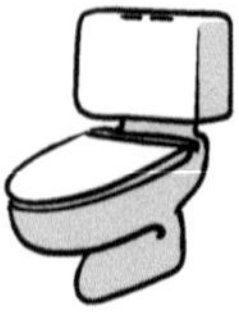

inodoro
sanita

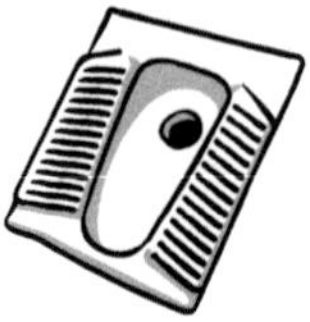

inodoro rústico
retrete turca

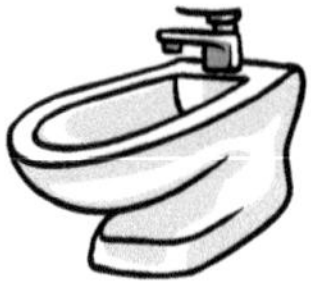

bidé
bidé

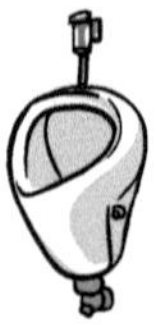

urinario
urinol

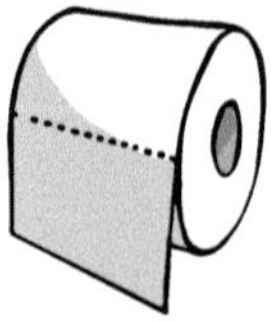

papel higiénico
papel higiénico

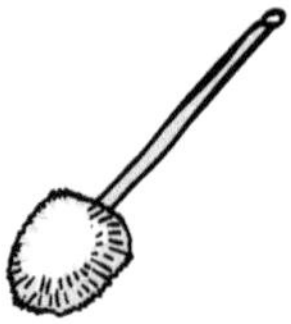

escobilla del váter
piaçaba

cepillo de dientes

escova de dentes

pasta de dientes

pasta de dentes

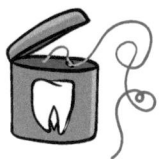

hilo dental

fio dentário

lavar

lavar

ducha de mano

chuveiro de mão

ducha íntima

duche íntimo

pila

bacia

cepillo de espalda

escova para as costas

jabón

sabonete

gel de ducha

gel de banho

champú

champô

toallita

toalha de rosto

desagüe

escoamento

crema

creme

desodorante

desodorizante

espejo
espelho

espejo de tocador
espelho de mão

maquinilla de afeitar
máquina de barbear

espuma de afeitar
creme de barbear

loción postafeitado
loção pós-barba

peine
pente

cepillo
escova

secador
secador de cabelo

laca
spray de cabelo

maquillaje
maquilhagem

pintalabios
batom

pintauñas
verniz de unhas

algodón
algodão

cortauñas
tesoura para unhas

perfume
perfume

estuche de viaje
....
nécessaire

banqueta
....
tamborete

balanza
....
balança

albornoz
....
roupão de banho

guantes de goma
....
luvas de borracha

tampón
....
tampão

compresa
....
penso higiénico

inodoro químico
....
WC químico

habitación de los niños
quarto de criança

despertador
despertador
peluche
peluche
coche de juguete
carro de brincar
sonajero
chocalho
casa de muñecas
casa de bonecas
regalo
presente

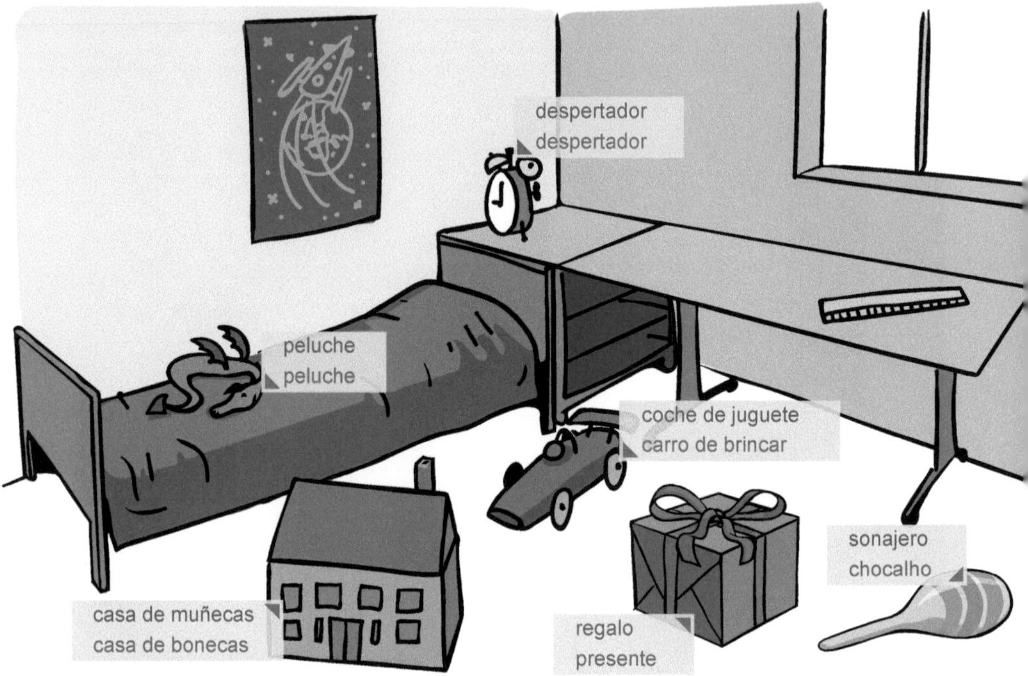

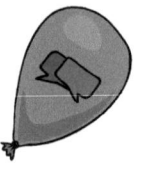

globo

balão

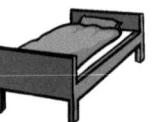

cama

cama

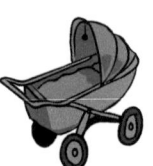

coche de niño

carrinho de bebé

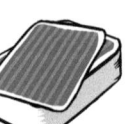

naipes

jogo de cartas

puzle

quebra-cabeças

SUPER
MEGA

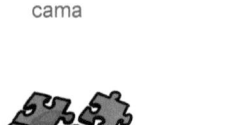

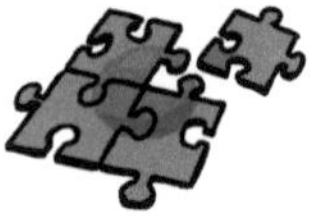

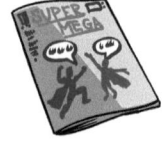

tebeo

banda desenhada

piezas de lego
peças de Lego

bloques de juguete
blocos de construção

figura de acción
figura de ação

bodi (de bebé)
fato de bebé

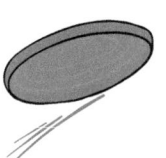

frisbee
Frisbee

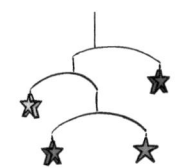

colgador móvil para bebés
móbile para bebé

juego de mesa
jogo de tabuleiro

dados
dados

circuito de tren eléctrico
pista de comboio elétrico

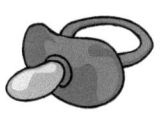

maniquí
chupeta

fiesta
festa

álbum de fotos
livro ilustrado

pelota
bola

muñeca
boneca

jugar
jogar

cajón de arena

caixa de areia

columpio

baloiço

juguetes

brinquedos

videoconsola

consola de jogos

triciclo

triciclo

oso de peluche

ursinho de peluche

guardarropa

guarda-roupa

ropa

vestuário

calcetines

meias

medias

meias pelo joelho

leotardos

meias-calças

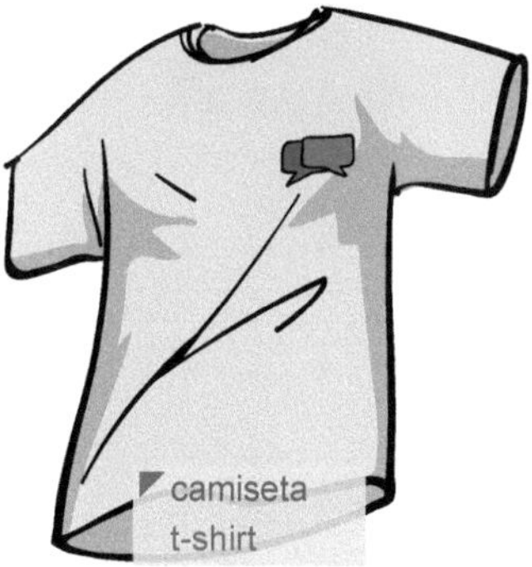

bufanda
cachecol

cinturón
cinto

paraguas
guarda-chuva

camiseta
t-shirt

deportivas
sapatilhas

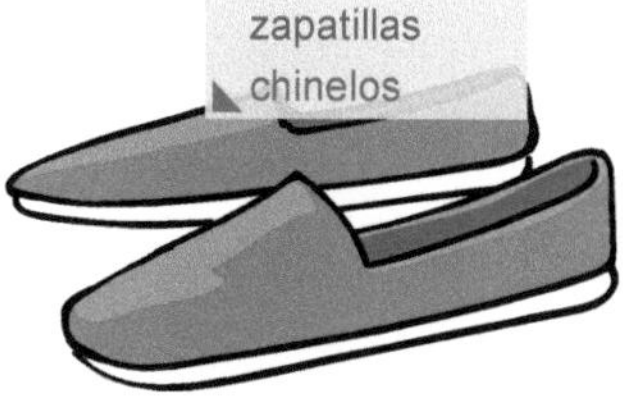

botas
botas

zapatillas
chinelos

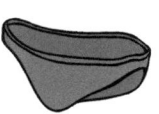

sandalias
....
sandálias

zapatos
....
sapatos

botas de goma
....
botas de borracha

slip
....
cuecas

sostén
....
sutiã

chaleco
....
camisola interior

bodi
body

pantalones
calças

vaqueros
calças de ganga

falda
saia

blusa
blusa

camisa
camisa

jersey
pulôver

suéter
camisola com capuz

blazer
blazer

chaqueta
casaco

abrigo
manto

gabardina
gabardina

traje
traje

vestido
vestido

vestido de novia
vestido de casamento

traje

fato

camisón

camisa de dormir

pijama

pijama

sari

sari

bandana

lenço de cabeça

turbante

turbante

burka

burca

caftán

cafetã

abaya

abaya

traje de baño

fato de banho

bañador

calções de banho

pantalones cortos

calções

chándal

fato de treino

delantal

avental

guantes

luvas

botón

botão

gafas

óculos

brazalete

pulseira

collar

colar

anillo

anel

pendiente

brinco

gorra

boné

percha

cabide

sombrero

chapéu

corbata

gravata

cremallera

fecho de correr

casco

capacete

tirantes

suspensórios

uniforme escolar

uniforme escolar

uniforme

uniforme

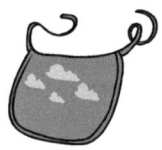

babero

babete

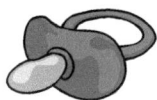

maniquí

chupeta

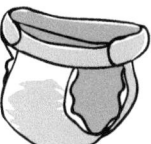

pañal

fralda

oficina
escritório

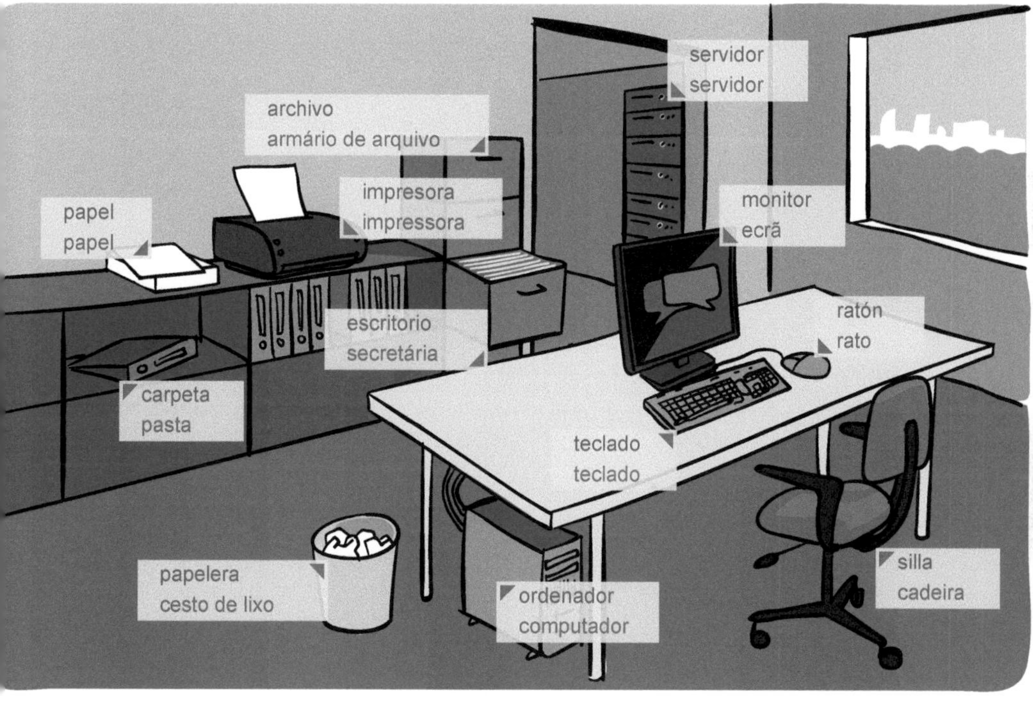
servidor
servidor
archivo
armário de arquivo
impresora
impressora
papel
papel
monitor
ecrã
ratón
rato
escritorio
secretária
carpeta
pasta
teclado
teclado
papelera
cesto de lixo
ordenador
computador
silla
cadeira

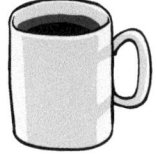

taza de café

caneca de café

calculadora

calculadora

internet

internet

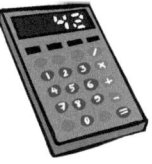

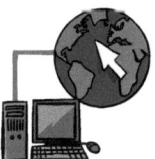

portátil
computador portátil

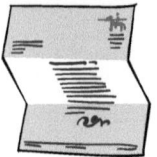

carta
carta

mensaje
mensagem

móvil
telemóvel

red
rede

fotocopiadora
fotocopiadora

software
software

teléfono
telefone

toma de corriente
tomada elétrica

fax
fax

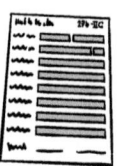

formulario
formulário

documento
documento

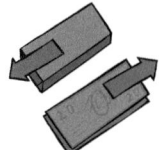

comprar
comprar

pagar
pagar

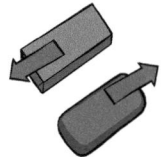

comerciar
negociar

dinero
dinheiro

dólar
dólar

euro
euro

yen
yen

rublo
rublo

franco suizo
franco suíço

renminhi yuan
renminbi yuan

rupia
rupia

cajero automático
caixa de multibanco

oficina de cambio de divisas

casa de câmbio

oro

ouro

plata

prata

petróleo

petróleo

energía

energia

precio

preço

contrato

contrato

impuesto

imposto

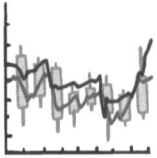

acción

ação

trabajar

trabalhar

empleado

empregado

empleador

entidade patronal

fábrica

fábrica

tienda

loja

oficios
profissões

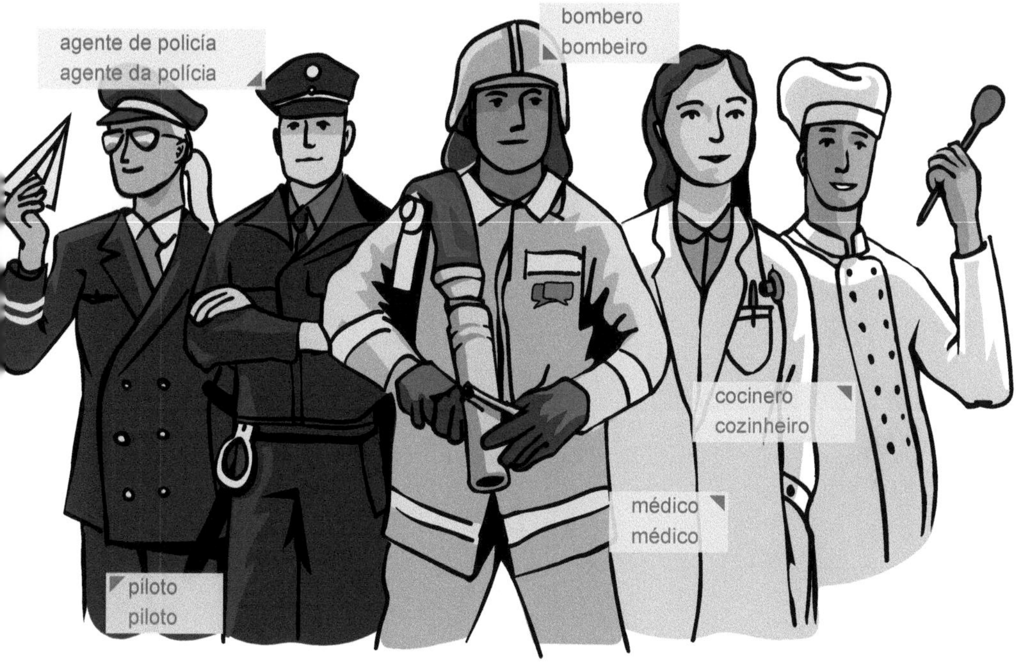
agente de policía
agente da polícia
bombero
bombeiro
cocinero
cozinheiro
médico
médico
piloto
piloto

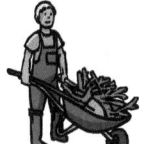

jardinero

jardineiro

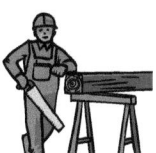

carpintero

carpinteiro

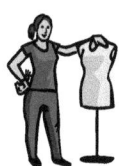

costurera

costureira

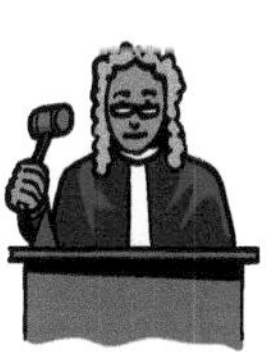

juez

juiz

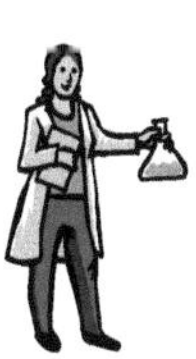

farmacéutico

químico

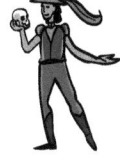

actor

ator

conductor de autobús

motorista de autocarro

taxista

motorista de táxi

pescador

pescador

señora de la limpieza

empregada de limpeza

techador

telhador

camarero

empregado de mesa

cazador

caçador

pintor

pintor

panadero

padeiro

electricista

eletricista

obrero

construtor

ingeniero

engenheiro

carnicero

talhante

fontanero

canalizador

cartero

carteiro

soldado
soldado

arquitecto
arquiteto

cajero
caixa

florista
florista

peluquero
cabeleireiro

revisor
controlador de bilhetes

mecánico
mecânico

capitán
capitão

dentista
dentista

científico
cientista

rabino
rabino

imán
imã

monje
monge

sacerdote
pastor

herramientas
ferramentas

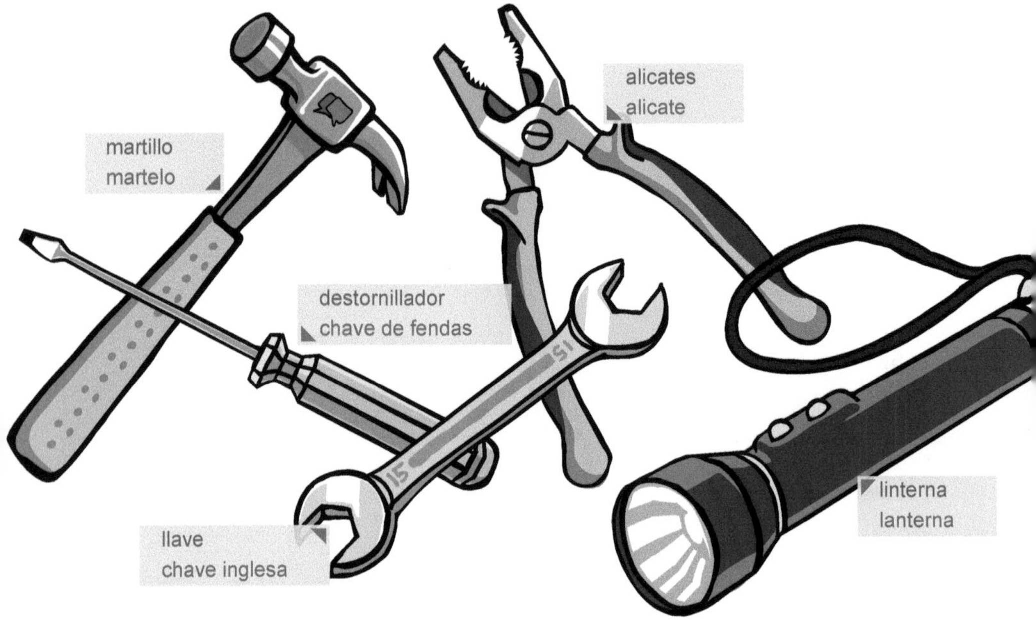
martillo
martelo
alicates
alicate
destornillador
chave de fendas
llave
chave inglesa
linterna
lanterna

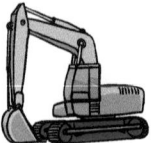

excavadora
escavadora

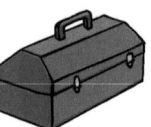

caja de herramientas
caixa de ferramentas

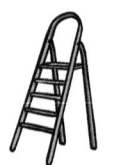

escalera de mano
escadote

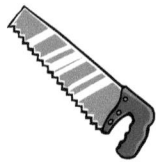

sierra
serra

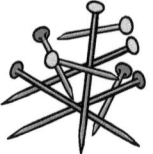

clavos
pregos

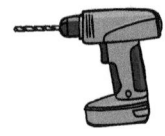

taladro
broca

reparar

reparar

pala

pá

¡Maldita sea!

porcaria!

recogedor

pá de lixo

bote de pintura

pote de tinta

tornillos

parafusos

instrumentos musicales
instrumentos musicais

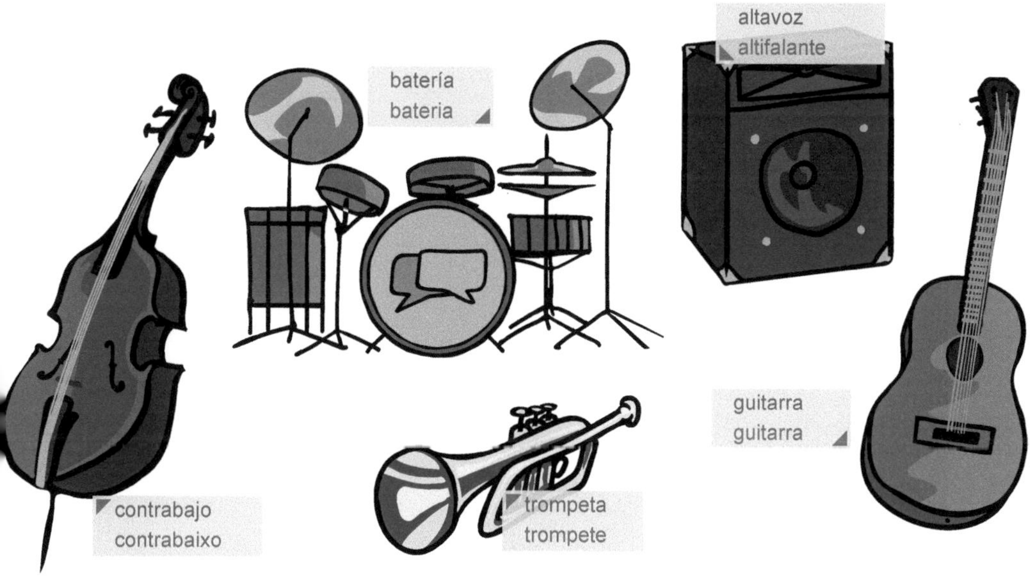

batería
bateria

altavoz
altifalante

contrabajo
contrabaixo

trompeta
trompete

guitarra
guitarra

piano
piano

violín
violino

bajo
baixo

timbales
timbales

tambor
tambor

teclado
teclado

saxofón
saxofone

flauta
flauta

micrófono
microfone

instrumentos musicales - instrumentos musicais

zoo

jardim zoológico

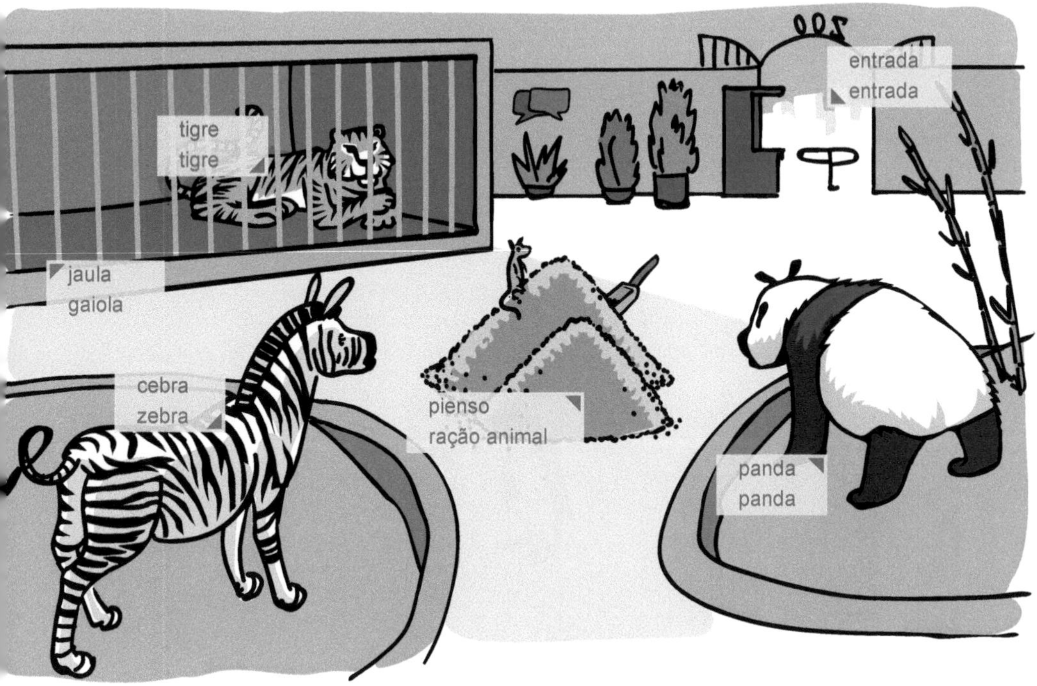
zoo
entrada
entrada
tigre
tigre
jaula
gaiola
cebra
zebra
pienso
ração animal
panda
panda

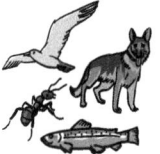

animales

animais

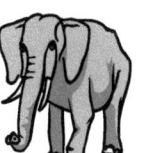

elefante

elefante

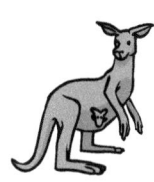

canguro

canguru

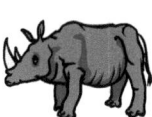

rinoceronte

rinoceronte

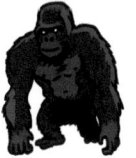

gorila

gorila

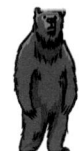

oso

urso

camello

camelo

avestruz

avestruz

león

leão

mono

macaco

flamingo

flamingo

loro

papagaio

oso polar

urso polar

pingüino

pinguim

tiburón

tubarão

pavo real

pavão

serpiente

cobra

cocodrilo

crocodilo

guardián de zoológico

guarda do jardim zoológico

foca

foca

jaguar

jaguar

poni

pónei

leopardo

leopardo

hipopótamo

hipopótamo

jirafa

girafa

águila

águia

jabalí

javali

pescado

peixe

tortuga

tartaruga

morsa

morsa

zorro

raposa

gacela

gazela

fútbol americano
futebol americano

ciclismo
ciclismo

tenis
ténis

baloncesto
basquetebol

natación
natação

boxeo
boxe

hockey sobre hielo
hóquei no gelo

fútbol
futebol

bádminton
badminton

atletismo
atletismo

balonmano
andebol

esquí
esqui

polo
polo

actividades
atividades

reír
rir
saltar
saltar
abrazar
abraçar
caminar
andar
cantar
cantar
soñar
sonhar
rezar
rezar
besar
beijar

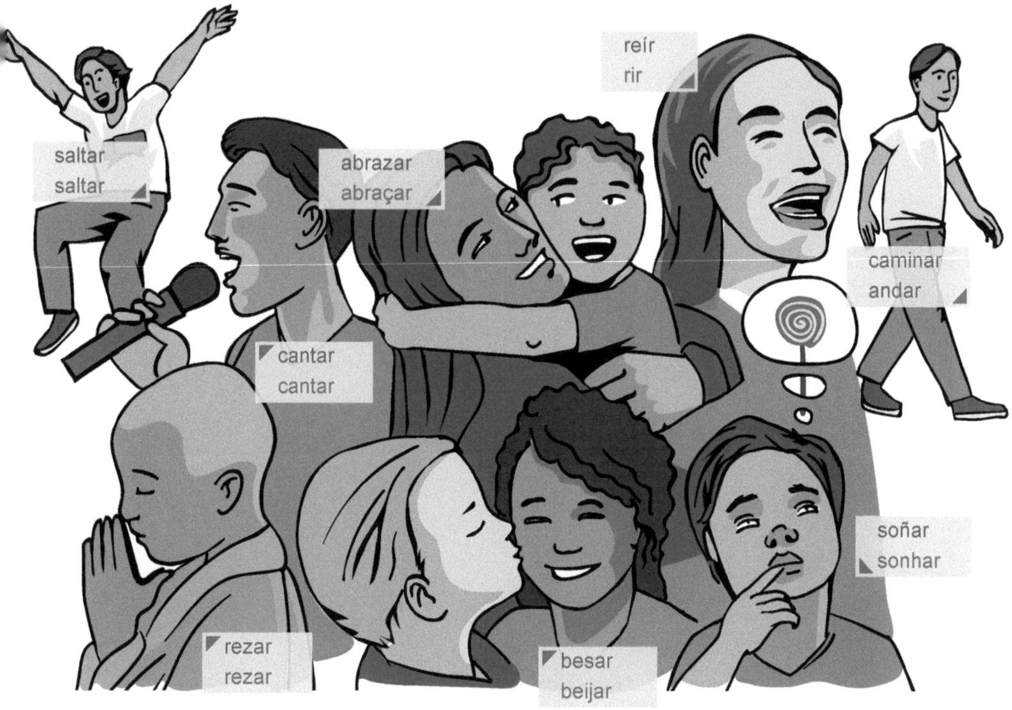

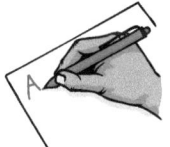

escribir

escrever

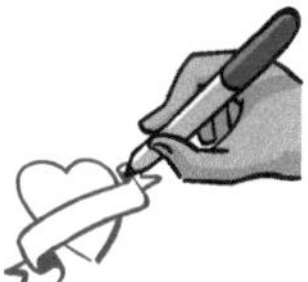

dibujar

desenhar

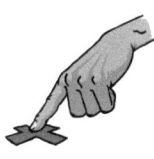

mostrar

mostrar

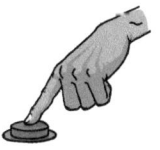

empujar

empurrar

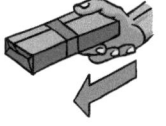

dar

dar

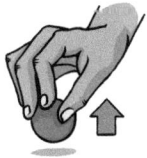

tomar

tomar

tener
....
ter

hacer
....
fazer

ser
....
ser

estar de pie
....
ficar de pé

correr
....
correr

tirar
....
puxar

tirar
....
remessar

caer
....
cair

yacer
....
deitar

esperar
....
esperar

llevar
....
carregar

estar sentado
....
sentar

vestirse
....
vestir

dormir
....
dormir

despertar
....
acordar

mirar
olhar para

llorar
chorar

acariciar
acariciar

peinar
pentear

hablar
falar

entender
compreender

preguntar
perguntar

escuchar
ouvir

beber
beber

comer
comer

ordenar
arrumar

amar
amar

cocinar
cozinhar

conducir
conduzir

volar
voar

navegar

velejar

calcular

calcular

leer

ler

aprender

aprender

trabajar

trabalhar

casarse

casar

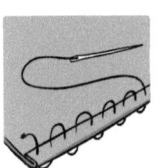

coser

costurar

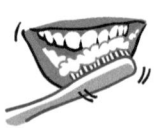

cepillarse los dientes

escovar os dentes

matar

matar

fumar

fumar

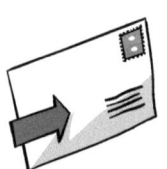

enviar

enviar

actividades - atividades

abuela
avó

abuelo
avô

padre
pai

madre
mãe

bebé
bebé

hija
filha

hijo
filho

invitado
convidado

tía
tia

tío
tio

hermano
irmão

hermana
irmã

cuerpo
corpo

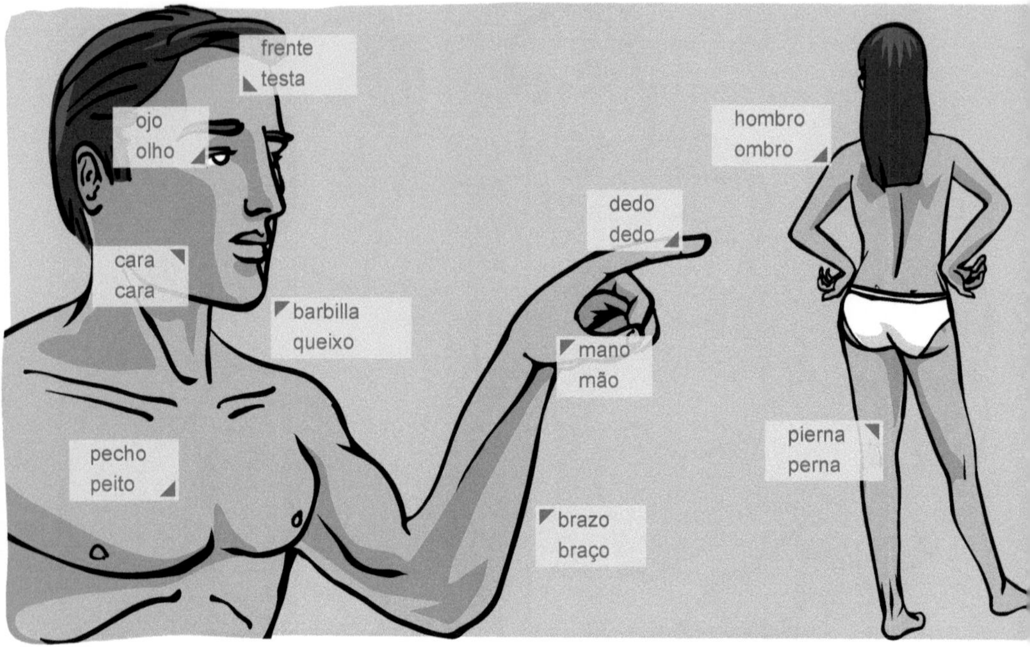

frente
testa

ojo
olho

hombro
ombro

dedo
dedo

cara
cara

barbilla
queixo

mano
mão

pecho
peito

pierna
perna

brazo
braço

bebé
·················
bebé

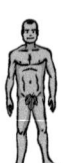

hombre
·················
homem

mujer
·················
mulher

chica
·················
menina

chico
·················
menino

cabeza
·················
cabeça

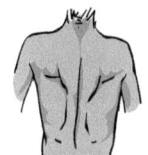

espalda
costas

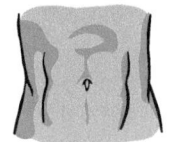

vientre
barriga

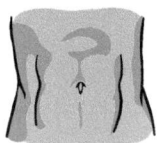

ombligo
umbigo

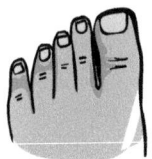

dedo del pie
dedo do pé

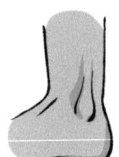

talón
calcanhar

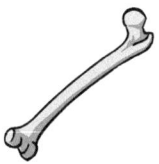

hueso
osso

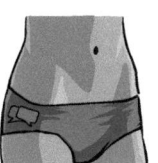

cadera
anca

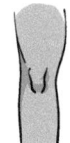

rodilla
joelho

codo
cotovelo

nariz
nariz

trasero
nádegas

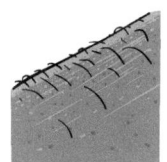

piel
pele

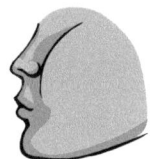

mejilla
bochecha

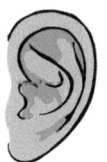

oído
orelha

labio
lábio

boca
boca

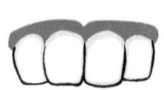

diente
dente

lengua
língua

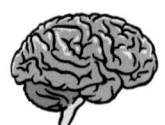

cerebro
cérebro

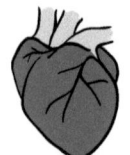

corazón
coração

músculo
músculo

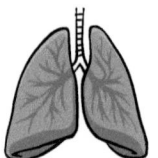

pulmón
pulmão

hígado
fígado

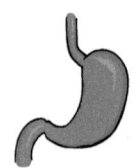

estómago
estômago

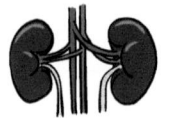

riñones
rins

sexo
relações sexuais

condón
preservativo

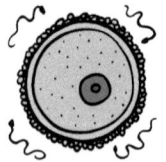

ovario
óvulo

semen
esperma

embarazo
gravidez

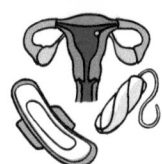

menstruación

menstruação

vagina

vagina

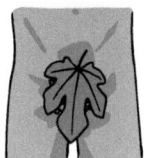

pene

pénis

ceja

sobrancelha

pelo

cabelo

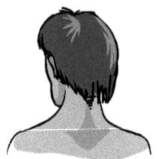

cuello

pescoço

hospital
hospital

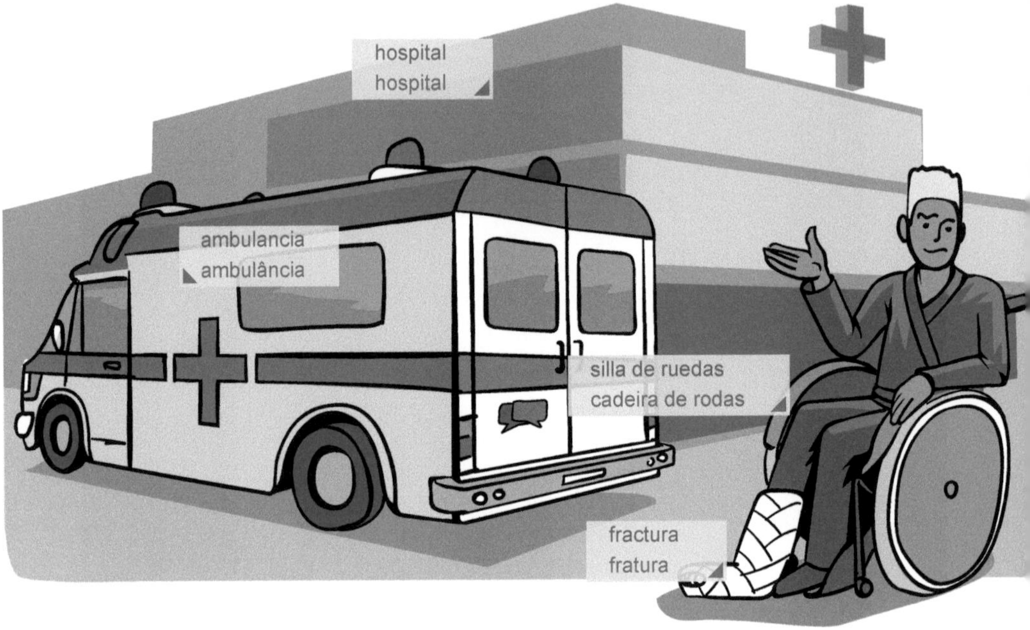

hospital
hospital
ambulancia
ambulância
silla de ruedas
cadeira de rodas
fractura
fratura

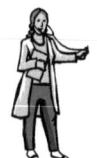

médico

médico

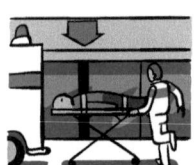

sala de urgencias

serviço de urgências

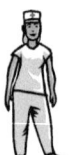

enfermera

enfermeira

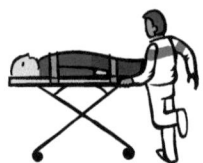

urgencia

emergência

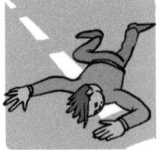

inconsciente

inconsciente

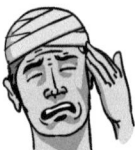

dolor

dor

lesión
ferimento

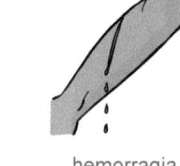

hemorragia
hemorragia

infarto
ataque cardíaco

ictus
acidente vascular cerebral

alergia
alergia

tos
tosse

fiebre
febre

gripe
gripe

diarrea
diarreia

dolor de cabeza
dor de cabeça

cáncer
cancro

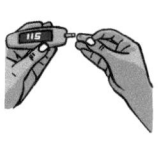

diabetes
diabetes

cirujano
cirurgião

bisturí
bisturi

operación
operação

TAC
CT

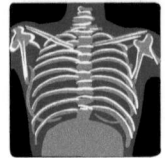

rayos x
raio x

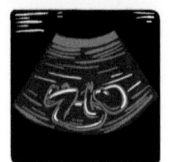

ultrasonido
ultrassom

mascarilla
máscara

enfermedad
doença

sala de espera
sala de espera

muleta
muleta

tirita
penso rápido

venda
ligadura

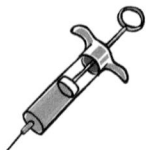

inyección
injeção

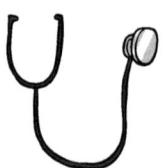

estetoscopio
estetoscópio

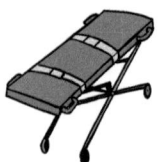

camilla
maca

termómetro
termómetro

nacimiento
nascimento

sobrepeso
excesso de peso

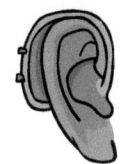

audífono

aparelho auditivo

desinfectante

desinfetante

infección

infeção

virus

vírus

VIH / SIDA

HIV / SIDA

medicina

medicamento

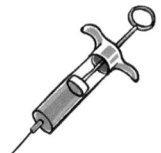

vacunación

vacinação

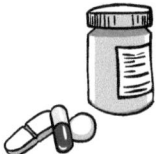

tabletas

comprimidos

pastilla

pílula

llamada de urgencia

chamada de emergência

tensiómetro

dispositivo de medição de
pressão arterial

enfermo / sano

doente / saudável

¡Socorro!

Socorro!

alarma

alarme

asalto

assalto

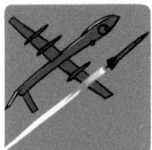

ataque

ataque

peligro

perigo

salida de emergencia

saída de emergência

¡Fuego!

Fogo!

extintor de incendios

extintor de incêndios

accidente

acidente

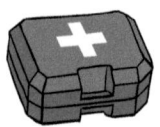

botiquín de primeros
auxilios
estojo de primeiros socorros

SOS

SOS

policía

polícia

Europa

Europa

Norteamérica

América do Norte

Sudamérica

América do Sul

África

África

Asia

Ásia

Australia

Austrália

Atlántico

Atlântico

Pacífico

Pacífico

Océano Índico

Oceano Índico

Océano Antártico

Oceano Antártico

Océano Ártico

Oceano Ártico

polo norte

Polo Norte

polo sur

Polo Sul

Antártida

Antártica

tierra

terra

tierra

país

mar

mar

isla

ilha

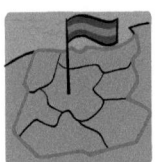

nación

nação

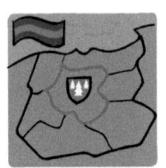

estado

estado

esfera

mostrador do relógio

manecilla de las horas

ponteiro das horas

minutero

ponteiro dos minutos

segundero

ponteiro dos segundos

¿Qué hora es?

Que horas são?

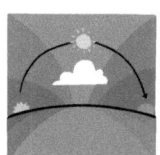

día

dia

tiempo

tempo

ahora

agora

reloj digital

relógio digital

minuto

minuto

hora

hora

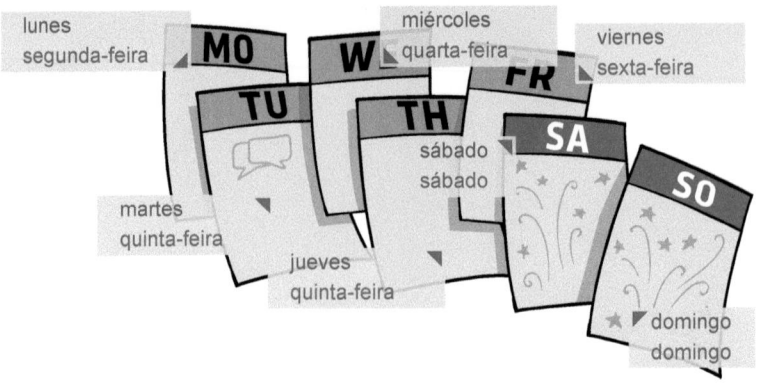

lunes
segunda-feira

miércoles
quarta-feira

viernes
sexta-feira

martes
quinta-feira

sábado
sábado

jueves
quinta-feira

domingo
domingo

ayer

ontem

hoy

hoje

mañana

amanhã

mañana

manhã

mediodía

meio-dia

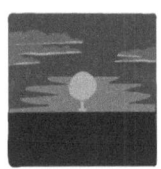

tarde

entardecer

días laborables

dias úteis

fin de semana

fim de semana

año

ano

lluvia
chuva
arcoíris
arco-íris
viento
vento
nieve
neve
primavera
primavera
verano
verão
otoño
outono
invierno
inverno

4.APRIL 11°
5.APRIL 4°
6.APRIL 13°
7.APRIL 8°
8.APRIL 10°

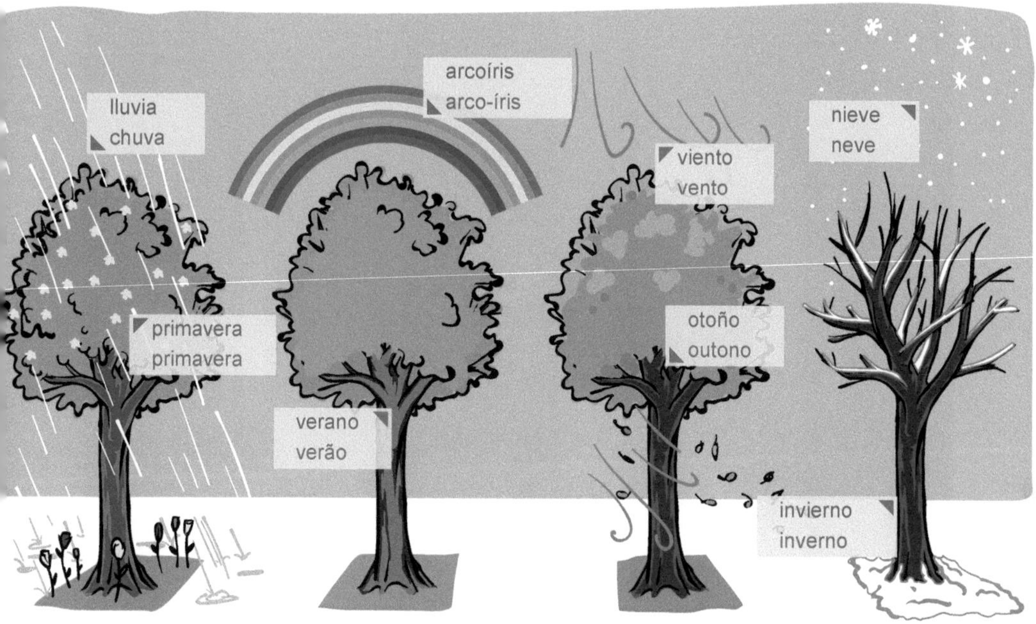

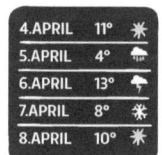

pronóstico del tiempo

previsão do tempo

F
C
120
90
60
30
0
-30
40
30
20
10
0
-10
-20

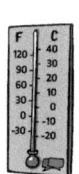

termómetro

termómetro

sol

raios de sol

nube

nuvem

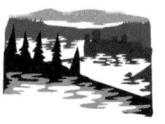

niebla

neblina / nevoeiro

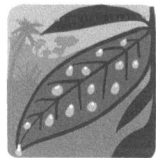

humedad

humidade do ar

rayo
relâmpago

trueno
trovão

tormenta
tempestade

granizo
granizo

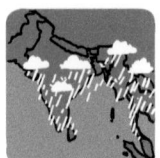

monzón
monção

inundación
inundação

hielo
gelo

enero
janeiro

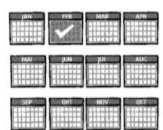

febrero
fevereiro

marzo
março

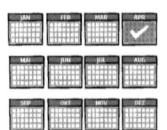

abril
abril

mayo
maio

junio
junho

julio
julho

agosto
agosto

año - ano

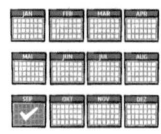

septiembre
....
setembro

octubre
....
outubro

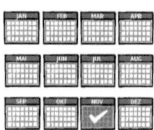

noviembre
....
novembro

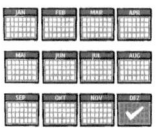

diciembre
....
dezembro

formas
formas

formas

círculo
....
círculo

cuadrado
....
quadrado

rectángulo
....
retângulo

triángulo
....
triângulo

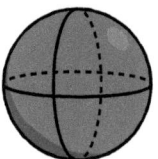

esfera
....
esfera

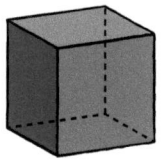

cubo
....
cubo

blanco
....
branco

amarillo
....
amarelo

anaranjado
....
laranja

rosa
....
rosa

rojo
....
vermelho

morado
....
lilás

azul
....
azul

verde
....
verde

marrón
....
castanho

gris
....
cinzento

negro
....
preto

mucho / poco
muito / pouco

enojado / tranquilo
furioso / calmo

bonito / feo
lindo / feio

principio / fin
princípio / fim

grande / pequeño
grande / pequeno

claro / oscuro
claro / escuro

hermano / hermana
irmão / irmã

limpio / sucio
limpo / sujo

completo / incompleto
completo / incompleto

día / noche
dia / noite

muerto / vivo
morto / vivo

ancho / estrecho
largo / estreito

comestible / no comestible

comestível / não comestível

malo / amable

mau / gentil

entusiasmado / aburrido

entusiasmado / entediado

gordo / delgado

gordo / magro

primero / último

primeiro / último

amigo / enemigo

amigo / inimigo

lleno / vacío

cheio / vazio

duro / blando

duro / macio

pesado / ligero

pesado / leve

hambre / sed

fome / sede

enfermo / sano

doente / saudável

ilegal / legal

ilegal / legal

inteligente / tonto

inteligente / burro

izquierda / derecha

esquerda / direita

cerca / lejos

perto / longe

nuevo / usado

novo / usado

nada / algo

nada / algo

viejo / joven

velho / jovem

encendido / apagado

ligado / desligado

abierto / cerrado

aberto / fechado

silencioso / ruidoso

baixo / alto

rico / pobre

rico / pobre

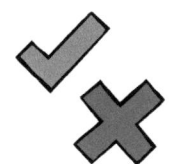

correcto / incorrecto

certo / errado

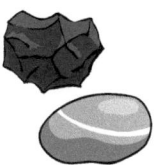

áspero / suave

áspero / liso

triste / contento

triste / feliz

corto / largo

curto / longo

lento / rápido

lento / rápido

húmedo / seco

molhado / seco

cálido / frío

ameno / fresco

guerra / paz

guerra / paz

0	**1**	**2**
cero	uno	dos
zero	um	dois

3	**4**	**5**
tres	cuatro	cinco
três	quatro	cinco

6	**7**	**8**
seis	siete	ocho
seis	sete	oito

9	**10**	**11**
nueve	diez	once
nove	dez	onze

12

doce
doze

13

trece
treze

14

catorce
catorze

15

quince
quinze

16

dieciséis
dezasseis

17

diecisiete
dezassete

18

dieciocho
dezoito

19

diecinueve
dezanove

20

veinte
vinte

100

cien
cem

1.000

mil
mil

1.000.000

millón
milhão

idiomas

inglés

inglês

inglés americano

inglês americano

chino mandarín

chinês mandarim

hindi

hindi

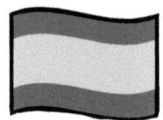

español

espanhol

francés

francês

árabe

árabe

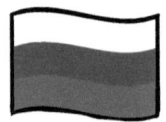

ruso

russo

portugués

português

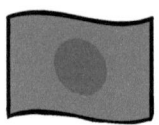

bengalí

bengalês

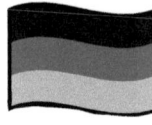

alemán

alemão

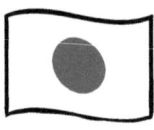

japonés

japonês

yo

eu

tú

tu

él / ella / ello

ele / ela

nosotros/as

nós

vosotros/as

vós

ellos/as

eles / elas

¿quién?

quem?

¿qué?

o quê?

¿cómo?

como?

¿dónde?

onde?

¿cuándo?

quando?

nombre

nome

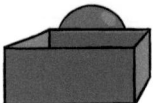

detrás
....
atrás

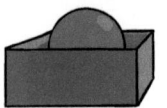

en
....
em

delante de
....
à frente de

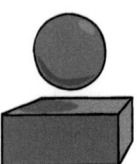

por encima de
....
sobre

sobre
....
em cima

debajo de
....
debaixo

junto a
....
ao lado

entre
....
entre

lugar
....
lugar